Gesucht, gefunden und ins Beet
gepflanzt von Thomas Kupfermann

Verfluchte Gartenarbeit!
Ich kann sie nicht mehr sehn!

Eulenspiegel

Inhalt

Ernst Röhl
Pardon wird nicht gegeben

Mein Kollege Rohlinger sprach gern von Abenteuertourismus, Bergtouren, Eventreisen, City-Trips. Mit einem Seitenblick auf meine Person, doch ohne meinen Namen zu erwähnen, brandmarkte er den Besitz eines Wochenendhäuschens als spießig und die dort verbrachten Wochenenden und Urlaubstage als vertane Zeit.

Tatsächlich hatte ich von meinem Großvater eine hölzerne Laube mit Garten geerbt. Anfangs hatte ich versucht, ein paar Beete mit Radieschen, Teerosen und Suppenkraut anzulegen, aber die Wühlmaus durchkreuzte meine Pläne. »Wenn die Wühlmaus«, las ich in Brehms Tierleben, »sich einmal eingenistet hat, geht sie freiwillig nicht mehr weg, bis sie alles Genießbare aufgefressen hat.« Ich fügte mich ins Unvermeidliche, stellte den Gartenbau bereitwillig ein und legte mich in die Sonne. Nichtstun, sagte ich mir, ist immer noch besser, als mit viel Mühe nichts schaffen.

Rohlinger stieg zum Abteilungsleiter auf. Er sprach nun sehr viel seltener über ferne Ziele, stattdessen begann er auffallend oft von den Schönheiten unserer Heimat zu schwärmen, von Mutter Grün, vom Busen der Natur, von einem stillen Plätzchen, wo es sich in aller Ruhe nachdenken ließe über die Arbeit, über das Leben. Als er Hauptabteilungsleiter wurde, kaufte er mir mein Häuschen samt

Garten ab. Die Laube gefiel ihm ganz gut, den Garten dagegen fand er reichlich verwildert, unkultiviert. »Ein schönes Fleckchen Erde«, sagte er ironisch, »allerdings ein Schandfleckchen.«

Er griff sofort zu Axt und Spaten, streckte schwungvoll ein paar morsche Pflaumenbäume nieder und grub das Gelände von vorn bis hinten um. Schweißüberstörmt und kreuzlahm stand er da nach vollbrachtem Werk, zitternd vor Stolz und Glück und allgemeiner Schwäche. Er säte Rasen, Zierrasen Sorte eins. Nach einem ergiebigen Landregen drängten unaufhaltsam zarte Grashälmchen ans Licht.

Wem der Rasen überläuft, dem geht das Herze über – wie recht hat doch diese großartige Kleingärtnerweisheit. Angefeuert von den Ratschlägen seiner Frau, steckte er Tulpenzwiebeln, Krokusse, Osterglocken, Märzenbecher, Schneeglöckchen und fieberte einen langen Winter lang dem Frühjahr entgegen. An Blumen sollte es nicht fehlen im Revier. Der Schnee schmolz, doch Rohlingers Frühblüher ließen auf sich warten. Mit dem Spaten, ja,

mit bloßen Händen grub er nach seinen kostbaren Zwiebeln – sie waren allesamt wie aus dem Erdboden verschwunden. Nun erst nahm er eine Erscheinung ernst, die er bislang nur wahrgenommen hatte: ein geheimnisvolles Muster im Rasen. Rissige Gänge zogen sich in abenteuerlichen Kurven und Zickzacklininen dicht unter der Erdoberfläche hin. Höhepunkte dieses ominösen Schnittmusterbogens waren zwei Dutzend kleinformatige Maulwurfskrater.

»Herzlichen Glückwunsch zur Wühlmaus«, sagte ich schadenfroh.

Rohlinger begann, sich mit Theorie und Praxis der Wühlmausbekämpfung zu befassen, und ihm war gar nicht wohl dabei. Er bezeichnete sich selbst als Tierfreund erster Klasse. Wenn er sich fragte, wen er mehr liebte – seine Frau, seine Freundin oder seinen Golden Retriever, dann belegte der Hund ganz gewiss nicht den letzten Rang. Und nun sollte ausgerechnet er, der große, mächtige Goliath Rohlinger brutal einschreiten gegen einen unterirdischen David, gegen ein Winzling aus dem Tierreich? Mit Sicherheit war sich die Wühlmaus gar keiner Schuld bewusst. Das Wühlen liegt ihr natürlich im Blut, alles Vererbung, sie kann halt nur wühlen und sonst gar nichts …

Andererseits, wenn schon einer in Rohlingers Scholle rumwühlte, dann doch wohl der Inhaber selbst und sonst keiner!

Der Inhaber stellte Fallen auf. Die Wühlmaus wich ihnen aus und legte neue Gänge an, Umleitungen. Rohlinger schickte den Retriever vor, der seine Nase begeistert auch in diese Angelegenheit steckte. Als der Schaden, den er, emsig buddelnd, anrichtete, die Wühlmausschäden überstieg, nahm Rohlinger ihn aus dem Rennen.

Notdürftig planierte Rohlinger die Landschaft und erkannte, dass es sich bei der Wühlmaus um einen ziemlich fiesen Schädling handelte. An mehreren Stellen des weitverzweigten Gangsystems legte er das tödlich wirkende Wühlmauspräparat Delicia aus, ein geprüftes und als biologisch abbaubar eingestuftes Mittel.

Am Abend starb sein Retriever eines qualvollen Todes.

Rohlinger, von Trauer und Zorn übermannt, war nicht bereit, die Wühlmaus länger als simplen Gartenschädling anzusehen. Nein, sie musste als das bekämpft werden, was sie war: der gefährlichste Feind des mitteleuropäischen Kleingärtners.

Fortan trug Rohlinger stets seine Luftbüchse bei sich. Doch solange Büchsenlicht herrschte, tauchte der Feind kein einziges Mal aus dem Untergrund. Wie gern hätte er ihn einmal im Visier gehabt, ihm Aug in Auge gegenübergestanden! Er kannte seine Visage überhaupt nur von diversen Websites. Oh, wie er sie hasste, die verschlagen blitzenden Äuglein, die kurzen abstehenden Ohren!

Bei Besprechungen aller Art kam Rohlinger, gleichgültig, ob um welche Themen es sich handelte, unausweichlich auf Gartenschädlinge im Allgemeinen zu sprechen und auf die Wühlmaus im Besonderen. Sein beruflicher Eifer erlahmte.

Rohlinger kaufte einen Posten Wühlmausgaspatronen auf. Memoiren berühmter Generale und Marschälle boten ihm Anregungen für einen taktisch wohlerwogenen, konzentrisch geführten massiven Schlag gegen die Stellungen des Gegners. Er führte den Kampf bis zur letzten

Patrone, doch das Gangsystem verzweigte sich weiter und weiter, der Rasen bedeckte sich mehr und mehr mit Erdhäufchen, die Rohlinger wie Pusteln erschienen, wie eklige Furunkel und Karbunkel.

Doch er ließ nicht locker. Minutenlang legte er Autoqualm in die Gänge. Die Wirkung war nicht gering. Ihm tränten die Augen, und der Wagen trug schwere Schäden am Vergaser und am Vorschalldämpfer davon. Rohlinger kaufte ein paar Kanister Dieseltreibstoff, den er ohne Rücksicht auf die Gebote des Umweltschutzes in die Wühlmausgänge schüttete. Die Löcher verstopfte er mit Zeitungspapier, das Papier tränkte er mit Spiritus, und die Fidibusse zündete er an. In der hereinbrechenden Dämmerung brannten sie wie Elmsfeuer. Leider stand der Wind sehr ungünstig. Zunächst knisternd, dann aber fröhlich prasselnd ging die Laube in Flammen auf. Rohlinger löschte mit dem Gartenschlauch. Die eine Hälfte der Laube wurde ein Raub der Flammen, die andere erlitt einen starken Wasserschaden.

Wenige Tage nach diesem Schicksalsschlag begann Rohlingers sozialer Abstieg. Seine Freundin, die er in letzter Zeit arg vernachlässigt hatte, wandte sich von ihm ab. Seine Frau reichte die Scheidung ein. Der Chef erteilte Rohlinger wegen fortgesetzter Nutzung des Internets für private Zwecke eine Abmahnung und drohte mit Entlassung. Rohlinger versuchte sich ein paar Tage lang in Arbeitsdisziplin, aber immer und immer wieder schweiften seine Gedanken aus dem Büro hinaus in Freie.

Schließlich glückte es ihm, in einer ländlichen Schlosserei zehn Kilo Karbid aufzutreiben. Damit verminte er eines Sonntags das sich immer weiter ausbreitende

Gangsystem, und zwar verminte er es reichlich. Nach den Gesetzen der Chemie muste das abströmende Azetylengas eine mörderische Wirkung erzielen, vor allem dann, wenn man es vorsichtig entzündete. Rohlinger benutzte die Lötlampe dazu und sprengte prompt den halben Garten in die Luft. Nun ist er krank geschrieben; sein rechter Arm ist wegen Verbrennungen bis zum Ellbogen hinauf bandagiert.

Gestern traf ich ihn. Er wolle das Grundstück abstoßen, sagte er, er habe es satt. Ruhe und Erholung hätte er dort zu finden gehofft, sich statt dessen aber intensiv der Kleinwildjagd widmen müssen. Dies allerdings mit durchschlagendem Erfolg. Die Wühlmaus sei ausgeräuchert, besiegt! Durch Rohlingers Findigkeit, durch seine Hartnäckigkeit und Opferbereitschaft vernichtet!

Ich hatte da meine Zweifel, hütete mich aber, sie Rohlinger, einem geschlagenen Manne, mitzuteilen. Ich musste an Brehm denken und an den Umstand, dass die Wühlmaus auf Rohlingers Grund und Boden alles Genießbare ratzekahl vertilgt hatte. Sie hatte sich in einen nahrhafteren Untergrund zurückgezogen, davon war ich fest überzeugt.

Der Mensch kann es erfolgreich mit Bären, Wölfen und Löwen aufnehmen, die Wühlmaus aber, die Wühlmaus ist für ihn eine Nummer zu groß.

Gabriele Kuhn / Michael Hufnagl
Beetgeschichten

Sie sagt: Flora et labora: Gartenarbeit macht glücklich.

Wir sind Gartenbesitzer, wobei zu sagen ist, dass er besitzt und ich gärtnere. Der gängigen Krimi-These, dass der Mörder immer der Gärtner ist, stimme ich also zu. Denn besonders im Frühjahr überkommt mich regelmäßig Mords-Lust, den Besitzer samt seinen Beeten umzustechen.

Kaum ist die Luft lau, blüht er auf. Und streckt sein Gesicht der Märzsonne entgegen. Um dann – Motto: Frühling wird's – in den Keller zu rumpeln, wo unsere Gartenmöbel den Winter verschlafen haben. Flugs, da stehen sie schon, die verstaubten Teak-Sessel, gut situiert am Platz in der Sonne. Und er nimmt Platz. Mittendrin. Dort, wo Großgrund-Besitzer halt so thronen, mitten in ihrem Anwesen. Links davon: der Spätvormittagskaffee (man gönnt sich ja sonst nichts) und ein Stoß Lektüre, der mit gutem Willen nicht einmal innerhalb einer Woche zu bewältigen ist. Aber, wie sagt er so schön: *Nutze den Tag. Wir haben alle Zeit dieser Welt.*

Wir? Er vielleicht, ich leider nicht. Ich beäuge kritisch das fadbraune Gestrüpp rund um mich. Ich spüre Arbeit

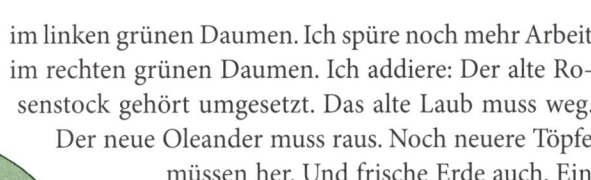

im linken grünen Daumen. Ich spüre noch mehr Arbeit im rechten grünen Daumen. Ich addiere: Der alte Rosenstock gehört umgesetzt. Das alte Laub muss weg. Der neue Oleander muss raus. Noch neuere Töpfe müssen her. Und frische Erde auch. Ein Besuch in der Gärtnerei ist unabdingbar. Die Zwiebeln wollen nicht in die Suppe, sondern unter die Erde. Der Bewässerungscomputer gehört gecheckt. Die Pumpe für das Biotop gereinigt. Das Biotop selbst von Winter-Leichen befreit – entblättert, entalgt. Der Sessel, auf dem er sitzt, muss gestrichen und der Tisch, auf dem sein Kaffee verweilt, abgeschliffen werden. Ich addiere erneut: Arbeit für zirka zwei Wochen am Stück.

In diesen Momenten der Erkenntnis wende ich mich hilfesuchend an ihn. Und sage erst mal kein Wort. Weil er weiß, was ich weiß, aber so tut, als wüsste er nichts. Als würde mein Gartenbesitzer in einem öffentlichen Park sitzen, streckt dieser stattdessen seine nackten Zehen in die Landschaft und vertieft sich demonstrativ in die Sportseiten. Hoch die Märzenbecher, das Leben kann auch ohne Gartenarbeit ein Allerwertestes sein. Über uns der Himmel so blau. Die Vögel zwitschern, die Bienen summen. Ich räuspere mich. Er stellt sich taub. Ich seufze. Er stellt sich tot. Das ist blöd.

Dann lasse ich meine beste Stimme ertönen: *Bist du taub oder blöd? Siehst du eigentlich nicht, in welchem Komposthaufen du es dir da gerade bequem machst?*

14

Ich weiß von vielen Kino- und Fernsehabenden, dass er auf Helden wie Bruce Willis oder Sylvester Stallone steht. Und weiß ebenso: Jetzt packt er seinen Willis aus und macht einen auf Greenpeace-Aktivist.

Baby, nuschelt er tatsächlich, *was machst du dir immer solche Sorgen? Ich werde dir zur Seite stehn, ganz klar. Wenn ich was tun kann, sprich es einfach aus, und ich werde das Letzte für dich und unsere grüne Insel geben.*

Kunstpause.

Danach wechselt er den Tonfall – Partitur »Romanze in Moll«:

Und, Süße, grillen wir heute? Du checkst das Fleisch, ich glühe die Kohlen.

Da gibt es nicht viel darauf zu sagen, außer: *Schau dich lieber einmal um, was es hier alles zu tun gibt. Pack zu, statt den Grillmeister und Pseudo-Gärtner zu geben.*

Das Problem an der Sache: Er ist nicht ganz von der Fraktion Aktivposten. Er nimmt Bestellungen entgegen, aber er hat kein Auge und schon gar keine Muße für Dinge, die Arbeit bedeuten würden. Vor allem dann, wenn sie auch nur ansatzweise etwas mit Schmutzigmachen zu tun haben. Erdung scheint nichts für niedrige männliche Instinkte. Und es könnten vielleicht die Ameisen zwicken. Auch in diesem Fall streift ein diffuser, durch und durch verständnisloser Blick über unseren Kraut-Salat, den er Gästen stets froh und lockend als seinen *kleinen Gartentraum* verkauft. Ein Ort, an dem jede Menge kalter Weißwein an heißen Grillwürsten gereicht werden darf, der sich aber wie das moderne Backrohr am besten im Selbstreinigungsverfahren erneuern soll. Und so mutiert er stets zum fleischgewordenen Fragezeichen: *Was bitte meinst du? Ist doch eh alles okay, oder? Was für ein herrlicher Tag! Genieß ihn doch mit mir.*

Da drücke ich ihm wortlos eine Gartenschere oder eine Schaufel in die Hand und sage nur: *Gerne. Schneiden bitte, da. Ein Loch, bitte, da. Das alles einsammeln und dort rein.*

Dieses Frühjahrsritual funktioniert allerdings meist nur 40 bis 45 Minuten lang. Denn ungefähr diese Zeit braucht es bis zur ersten seiner im Lauf der klassischen Open-Air-Saison zahlreichen Schmerzattacken. Der Höhepunkt unseres erlebenswerten Action-Streifens: Bruce hat sich im tödlichen Einsatz für die Erde schwer verletzt. Schnitt. Und Zoom: Ich sehe ihn, in gebückter Haltung ächzend fast schon ein bisschen ins Gras beißen. *Drama, Baby, Drama! Mein Kreuz, Schatz, ich hab's mir verrissen.* Tja, Buckeln ist echt nicht seins.

Also schicke ich meinen Helden nach einer angemessenen Zeit der Rekonvaleszenz bei einem Mittagsbier in der Gartenliege auf feindliches Gebiet namens Baumarkt. Mister Jäger-und-Sammler darf Töpfe kaufen, Erde, neues Gartenwerkzeug, Dünger, Blattlausvernichter und einen Vertikutierer. Achja – weiße Farbe würde auch nicht schaden, um die hässliche Mauer zu verschönern. Ich weiß zwar, dass ich etwas vergessen habe, aber nächste Woche ist ja wieder ein Samstag, an dem ich ihn in den Kampf schicken kann. Nach zweistündiger Absenz kehrt der Held zurück von seinem Streifzug. Tatsächlich: alles erlegt. Er packt aus.

Er: So, schau, das ist der Unkrautvernichter.

Ich: Ich habe zwar niemals behauptet, dass ich einen Unkrautvernichter brauche, aber wenn du unbedingt darin, am besten heute noch, ein Vollbad nehmen willst, bitteschön. Es wäre das Blattlausspray gewesen.

Er: Hör mal, ich schlage mich da entschlossen und mutig durch ein Millionenpublikum von Bastlern, Hobbygärtnern und Frauen, die ihre Männer durch den Baumarkt peitschen, und du sagst nicht einmal Dankeschön. Unkraut haben wir genug. Schau doch mal das da an!

Ich: Das sind, zu deiner Information, englische Rosen, Sorte »Crownprincess Margarita«. Und übrigens: Danke – wofür? Dass du zwar fünfzehn Tontöpfe zum 10-plus-5-Sonderpreis mitgebracht hast, aber in jeden davon exakt ein Schnittlauchhalm passt. Du willst ja wohl zukünftig nicht im Bonsai-Garten Grillfeste schmeißen, oder?

Er: Du bist schwierig. Passt dir wenigstens die Erde?

Ich: Nett gemeint. Wo ist die Sandkiste dazu?

Er: Hä? Wieso?

Ich: Das ist Sand zum Spielen. Aber Hauptsache, du hast eine Schaufel gekauft, die so groß ist, dass man damit diesen Garten in einem Parkplatz verwandeln kann. Am besten fängst du gleich damit an.

Er: Also ich dachte immer, Gartenarbeit entspannt.

Spätestens jetzt gebe ich ihm den Schlauch. Weil gießen, das kann angeblich jeder.

Er sagt: Es grünt so grün, auch ohne mich.

Ich wollte immer einen Garten besitzen. Aber anders als bei einem Kind, das ich auch immer wollte, ziehe ich – metaphorisch betrachtet – weder aus der Zeugung noch aus der Pflege irgendeine Form des Lustgewinns. Ich will das Grün um mich, das Blühen beschnuppern und das Wachstum bestaunen. Aber ich will keine Arbeit damit haben. Was natürlich für immer im Stadium des frommen Wunsches bleiben wird.

Denn meine Frau lebt nach dem kaum nachvollziehbaren Grundsatz, dass das Garteln die halbe Freude am Garten ist. Und kaum wuchtet sich das Quecksilber nach einem harten, zähen Winter in den Plus-Bereich, wird sie von dieser sonderbaren Schneeschmelzenergie erfasst, die keinerlei Aufschub duldet. Dabei ist es natürlich keinesfalls so, dass sie sich beschwingt und fröhlich daran macht, das Mammutprogramm, das irgendwann in einer grünen Oase enden soll, zu eröffnen. Stattdessen stöhnt

sie und schüttelt den Kopf darüber, was von nun an alles dringend gemacht werden muss. Von Freude keine Spur. Was sie massiv von mir unterscheidet. Denn im Gegensatz zu ihr behaupte ich eben genau das – keine Freude. Nur Notwendigkeit.

Und schon kann das Grüne-Daumen-Kino beginnen. Mit der Befehlsausgabe bei meinem mir angetrauten floristischen Feldwebel. Blätter einsammeln! Die Natur und die Liebe unserer Nachbarn zu gewaltigen Bäumen bringen es nämlich mit sich, dass unser Garten auch an den unmöglichsten Stellen von Laubmassen bedeckt ist, und die müssen entfernt werden. Mein vorsichtiger Einwand, dass in den Wäldern dieser Welt auch niemand in gebückter Haltung das Ziel der freien Bodenfläche verfolgt, wird wortlos kommentiert. Nur ihr Blick verrät: *Red nicht, mach!*

Also mache ich. Und weise Millionen Blättern ihren Weg in die Müllsäcke. Sie tut am anderen Ende des Gartens das Gleiche. Und nie höre ich sie vor lauter Leidenschaft zum Garteln munter pfeifen oder euphorisch rufen: *Und wieder ein Blatterl, heißa, was für ein prachtvoller Tag!*

Stattdessen ächzt sie mehr, als ich es mich je trauen würde. Um nach vollrichteter Arbeit irgendwann zu sagen: *Man sollte auch die alten Blätter von der Buchenhecke abzupfen.*

»Man« bin ich. Wo »man« erklingt, wird mein Aktivitätsreflex provoziert.

Und wenn meine Sehnsucht nach einem Lottogewinn und der sofortigen Investition in einen meinetwegen völlig überbezahlten Gärtner am allergrößten ist, dann in jenen Stunden, die ich damit verbringe, kleine, knusprige Blätter einzeln von den Ästen zu klauben. Und wieder erlaube ich mir einen Widerspruch. Denn ist es nicht so, dass die alten Blätter unter dem Druck der Neuankömmlinge ohnedies abfallen? Darauf hat sie zwei Antworten, die mein sofortiges Schweigen zur Folge haben. Denn a) *musst du die Blätter dann erst wieder vom Boden aufheben,* und b) *wird die Hecke so früher und schöner blühen.* Als ob mir das wichtig wäre.

Sei's drum. In den folgenden Tagen und Wochen gibt es für sie nur den Fokus auf das Paradies, das uns für den Sommer – und keineswegs für die Ewigkeit – ungeteilten Stolz offenbaren soll. Wäre es doch schon so weit. Ich träume von den Freunden, für die ich Hendlhaxen und Beiriedschnitten auf den Griller schmeiße, während sie sagen, wie toll wir es hier hätten. Und wie ich ihnen einen amüsanten Rückblick auf jene Schufterei, die jetzt vor mir liegt, gewähren würde.

Wir brauchen Erde, sagt sie. Und ich hole demütig den Autoschlüssel. Bereit, mich um Säcke zu bemühen und bei einem der unzähligen Baumärkte ein Wiedersehen mit tausenden anderen grantigen Gartlern zu feiern. Und bei meiner Rückkehr wird es egal sein, wie viele Liter Erde ich mir ins Genick geschmissen und als Lastesel in unser Reich transportiert haben werde, es wird zu wenig sein. Und der lapidar klingende Satz *Zwei Säcke bräucht ich noch* wird diesem unerträglichen Gefühl des Warum-ich-Lamentos in der Warteschlange an der Kasse zu seiner alljährlichen Renaissance verhelfen.

Und nicht einmal die bösesten Verletzungen wie Rückenschmerzen, Beinkrämpfe und Schnittwunden würden meine Frau zu dem Satz veranlassen *Danke Schatzi, aber jetzt gönn dir doch mal ein Pause.* Weil es ja nicht ihr Garten, sondern unser Garten ist. Also schneide ich – mit Gummistiefeln im eiskalten Biotop stehend - die verfaulten Äste einer Pflanze weg. Fluchend natürlich, weil mir bewusst wird, wie bequem eigentlich Bequemlichkeit ist. In einer Hängematte zum Beispiel. Und da ahne ich noch gar nicht, dass ausgrechnet dieses Grünzeug in die Gattung Wolfsmilchgewächse fällt, was zur Folge hat, dass ich am nächsten Tag mit einem zugeschwollenen Auge, Ausschlägen am ganzen Körper und einem Ratschlag im Nachhinein erwache – *du hättest Handschuhe anziehen müssen.*

Wer jedoch nun glaubt, dass derlei dramatische Entwicklungen meiner grünen Mamba den Zahn ziehen könnten, der irrt. Wenn der Frühling erwacht, muss ich mit erwachen. Und sich blöder und tollpatschiger zu stellen, als man ist, wird gnadenlos durchschaut. Und kaum setze ich mich für einen Moment hin, um einen Blick in die Zeitung zu tun oder eine unaufschiebbare Internet-Recherche durchzuführen, dringt schon das Auftragsstakkato an mein Ohr – allerlei Dünger, Sprays und Fallen müssen besorgt, die Algen gefischt, das Altgrün zur Biotonne gebracht, die Wasserpumpe aus dem Keller geholt, die Oleander ins Freie transportiert, das Unkraut gezupft, die Rankhilfen montiert, die Äste weggekehrt, die zahllosen Töpfe umgestellt werden – *flora et labora.*

Bis endlich der befreiende Ruf erschallt: *Kärchern bitte!* Denn die Terrasse und den Holzsteg mit Wasserdruck zu reinigen, das ist es, was mich entschädigt. Da blühe ich auf. Zu sehen, wie sich der hartnäckige Dreck als Folge meiner Sprühmacht auflöst. Das ist wahre Männerarbeit. Für die es einen starken Arm und Stehvermögen braucht. Was meine Frau jedoch keineswegs an wertvollen Tipps hindert. *Du musst die Terrassentür zumachen, sonst haben wir den ganzen Gatsch in der Wohnung,* sagt sie, während sie mit zarten Handerln die Blumenzwiebel in die tiefen und (raten Sie, von wem) mühsam ausgehobenen Erdlöcher plumpsen lässt.

Spätestens im Hochsommer werden wir unsere Arbeiten abgeschlossen haben. Und kaum brechen wir in unseren Urlaub ans Meer auf, wird unser Juwel die Hochblüte seines Glanzes erleben. Und ehe wir unseren ersten entspannten Spritzer ausgetrunken haben, wird auch schon der Herbst ins Land ziehen. Und mit ihm die Worte: *Red nicht, mach!*

Hans-Joachim Riegenring
Eine Laube mitten in der Natur

Er war nicht von seiner verrückten Idee abzubringen. »Bedenke«, sprach Eduard, »wenn wir den Ofen mit dem Handwagen um den See herumfahren, brauchen wir zwei Stunden. Mit dem Kahn sind wir in zehn Minuten drüben.«

»Na schön«, seufzte ich, »also am Sonntagvormittag!«

»Bist ein feiner Kerl«, lobte Eduard. »Weißt du, man kann nämlich in so einer Laube mitten in der Natur alles entbehren, nur 'nen kleinen Ofen für kalte Tage, den braucht man.«

Am Sonntag rollte er einen Handwagen von der Größe eines Trucks an meinen Landungssteg.

»Was ist das, Eduard?«, fragte ich.

»Ein Handwagen, blöde Frage«, klärte er mich höflich auf. »Komm, wir wollen die paar Kleinigkeiten verladen.«

»Lieber Eduard«, sagte ich, »ich dachte, du wolltest nur einen kleinen Ofen …«

Er winkte verächtlich ab. »Die paar Sächelchen schaffen wir allemal!«

Den transportablen Kachelofen betteten wir auf Säcke in der Mitte des Bootes. Rundum garnierten wir ihn mit Besen, Töpfen, Bürsten, Kleiderbügeln, einer Flurgarderobe und einem Mülleimer. Noch ein paar Bilder, und der Kahn war gestrichen voll. Als letzte Kleinigkeit legten wir den Bücherschrank quer darüber. Die beiden Korbsessel stellten wir an Bug und Heck auf, setzten uns hinein, gedachten in einer Schweigeminute unserer Lieben daheim und stachen in den See.

Für meine Begriffe hatte das Boot etwas zu viel Tiefgang. Der Schrank wollte immer wegschwimmen.

Eduard führte das Ruder und das große Wort. Er freute sich über seinen schönen Ofen, über die warme Stube, die er bei kalten Tagen haben würde, über …

»Red nicht so viel«, warnte ich, »sonst verlieren wir das Gleichgewicht. Das wäre peinlich, wir haben nur das eine.«

»Keine Bange«, lachte Eduard, worauf er einschließlich Sessel vornüberkippte.

Unter Zurücklassung einiger Luftblasen von verschiedener Größe verschwand er unter dem Meeresspiegel. Ich machte mir schon Gedanken, was man mit den Möbeln anfangen könnte.

Da wuchsen plötzlich vier Stuhlbeine aus dem Wasser, es folgte der Stuhl und dann Eduard persönlich. Auf meine Frage, ob das Wasser sehr kalt sei, zeigte er mir die Zunge. Trotzdem packte ich ihn hilfsbereit am Kragen.

»Wir machen das so: Bei ›hau-ruck‹ gibst du dir einen Schwung, und ich ziehe dich ins Boot.«

Ich sagte »hau«. Wir spannten die Muskeln.

Ich sagte »ruck«. Er zog, ich zog.

Das Boot dreht eine Rolle nach links.

Wir retteten uns auf den Kleiderschrank. Um uns herum schwammen Weinflaschen, Zahnbürsten, Bilder, Schubkästen. Außerdem eine Menge anderer Boote, Leute auf Gummikrokodilen, Schwimmer und Schwimmerinnen beiderlei Geschlechts. Statt uns zu helfen, lachten sie, dass die Boote wackelten und die trägerlosen Badeanzüge verrutschten.

Der ganze See war eine einzige Lache.

Bei der folgenden großen Bergungsaktion kenterten noch drei weitere Boote. Das gab ein ziemliches Durcheinander, wobei ein Gummikrokodil sein Leben aushauchte und mehrere Verabredungen für die Uferklause getroffen wurden.

Sonst konnten wir alles retten.

Nur der Ofen, der versuff.

Friede seiner Asche.

Johannes Conrad
Die Flucht des Einhorns

Jahrelang ging das so: »Warum haben wir kein Auto, Karl? Warum haben wir kein Grundstück?«

»Wir haben was auf dem Konto für Notfälle und für unsere alten Tage, Klara!«, rief er. »Hauptsache, dass wir gesund sind.«

»Die anderen sind auch gesund und haben dazu ein göttliches Wochenende!«, sprach Klara Schwerdtfeger dann, und Karl antwortete mit stolzem Blick: »Ich bin für eine saubere Welt. Ich liebe die Bäume. Nun guck dir doch mal unsere armen Großstadtstrünke an. Die kriegen ja schon im August gelbe Blätter von den Abgasen! Ich bin ein moralischer Mensch und puste keine blöden Gase in die Welt. Ich beteilige mich nicht an solchen verbrecherischen Aktionen als Naturfreund!«

»Aber ich will nicht immer in den Friedrichshain und zum Pergamonaltar und in den Botanischen Garten! Ich will auch mal raus und Selbstgegrilltes auf eigenem Grund und Boden schleckern!«, rief sie. Und er sagte: »Die Dame möchte also einen Sommersitz, ohe! Bin ich Ludwig XIV.? Und an unsere Hängegeranien denkst du wohl überhaupt nicht? Sind Balkonblumen ein Dreck?«

»Ich möchte aber Schoten haben«, entgegnete sie, »junge Schötchen und Wicken und einen Stachelbeerstrauch, den ich eigenhändig abernten kann, und

Kirschbäume auch – und Eierpflaumen, wie sie Oma Else im Garten hatte, gelbe Eierpflaumen, damit man etwas vom Leben hat, nicht immer bloß die olle Stadt, wo einem sonntags der Himmel auf den Kopf fällt. Man muss sich ja schämen als Naturfreundin!«

Dann bekam Karl Schwerdtfeger einen bitteren Zug um den Mund und sprach: »Ich brauche kein blödes Wochenendgrundstück! Ich brauche auch kein blödes Auto! Ich mache diese Umweltverschandelung nicht mit. Soll unsere schöne Natur immer mehr vollgepumpt werden mit Autos und dämlichen Gartenhäusern und Terrassen? Nein, ich will eine luftige Welt. Guck dir doch die Umgebung der Städte an. Da ist oft keine Landschaft mehr, sondern eine Ansammlung von Rechtecken. Reihe die Zementfundamente, auf denen die verdammten Gartenhäuser stehen, aneinander, Klara, und du hast eine Autobahn bis nach Australien. Die schöne Erde, alles zugekleistert. Wie verstopfte Poren!«

»Du mit deinen Poren!«, rief sie dann böse, und er fragte anklagend: »Sollen unsere Kinder mal gar keinen echten Wald mehr kennenlernen, wo der Pfifferling fröhlich schießt und die Wildschweine grunzen? Soll da immer und überall ein Wochenendgrundstück aus dem Grün grinsen und unserem Naturempfinden Ohrfeigen versetzen?«

»Du mit deinem Naturempfinden!«, rief Klara Schwerdtfeger. »Bei den anderen plumpsen die reifen Butterbirnen ins eigene Gras, andere waten sonntagsmorgens durch den Tau und saugen den Duft selbstgepflanzter Heckenrosen ein, wir aber versauern zwischen den blattlosen Steinen. Naturempfinder, du!«

28

»Andere«, rief er, »immer andere! Ich bin aber ich und du bist du, wir sind keine anderen!«

»Doch«, sagte sie, »doch, ich möchte auch eine andere sein. Es ist doch noch so viel Gegend frei!«

Darauf lachte er höhnisch und rief: »Ich sehe unser Land schon vor mir: In den Müggelbergen Lauben wie Hexenhäuser, auf dem Müggelsee schwimmende Gartenhäuser, von der Nordsee bis zu den Alpen ein Meer von kleinen, eckigen Seelentröstern auf Eigentumsbasis! Und wo noch Wald steht, da glotzen parkende Autos, da winden sich Lehrpfade und Holzzäune, da lauern Bänke und Abfallbehälter und Verbotstafeln, o verflucht! Ist das der Preis der Zivilisation? Oben brummen Düsenflugzeuge, kein Kornfeld ohne Parkplatz, und unsere Seelen magern furchtbar ab dabei. Doch das Bewusstsein, dass es noch tiefe Blaubeerwälder voller Pilze und Stille gibt, wo jeden Augenblick das Einhorn auf die Lichtung treten

kann, und dass einsame, saftige Wiesen grünen, wo Klapperstörche stolzieren und fette Frösche fangen, wo wilde Orchideen blühen und der Kuckuck ruft, lässt mich aufatmen. Das macht mein Herz rund und dick und voll, Klara! Und du willst ein Haus draufstellen!«

»Jawoll, das will ich!«, sagte sie.

So stritten sie. Und am Wochenende fuhren sie ins Grüne hinaus, in übervollen Bahnen zu übervollen Strandbädern. Oder sie wanderten nach langer Busfahrt schwitzend durch bunte Siedlungen, wo rotgebrannte Männer zufrieden schmiedeeiserne Gartentore anpinselten, wo die Ehefrauen im Bikini stolz den Rasen elektrisch mähten, wo einer den anderen übertrumpfen wollte und die Häuser ihre Terrassen bis an die Carports schoben und Pools in der Sonne glitzerten. Da standen blaue Sonnenschirme und gelbe Liegestühle, und alles war gefegt und poliert und verschnitten und zementiert und mit Terrazzoplatten zugedeckt. Und Klara Schwerdtfeger putzte sich verbittert den Schweiß von der Stirn, indes die goldenen Äpfel aus dem Laub leuchteten. »Wohl dem, der solche Äpfel hat«, sagte sie. Karl antwortete kleinlaut: »Äpfel können wir auch im Supermarkt kaufen!« Und dann dachte er noch kleinlauter: »Warum die Frauen immer so bohren müssen? Wenn's keine Frauen gäbe, würde es vielleicht auch keine Gartengrundstücke geben. Dann wäre hier noch Urwald oder mannshoher Weizenschlag!«

Doch manchmal war er auch neidisch auf jene Rotgebrannten, wenn sie die Flasche ansetzten und als freie Männer auf freiem Grund voller Behagen das Bier in sich hineingluckern ließen. Manche stiegen gutgelaunt aus ihren Autos und trugen volle Taschen und Beutel ins eigene Häuschen.

»Na, diese Rüben werden bald ein herrliches Mittagessen mit selbstgeernteter Petersilie im Freien in sich hineinschlingen!«, sagte seine Frau dann neidvoll, und er rief in gemachter Fröhlichkeit: »Olle Egozentriker, die! Wir machen dafür schön Rast in der ›Mönchsklause‹ und brauchen uns das Mittagessen nicht selber zu basteln, was?« Und dann machten sie schön Rast in der »Mönchsklause«, einer etwas düsteren Kneipe, wo das Bier warm war und die Kellnerin müde und die Kartoffeln wässrig. »Na, siehst du!«, sagte er, und sie murmelte: »Ja, ich sehe!«

»Aber wenn es keine Gartengrundstücke und keine Autos gäbe«, rief er aufgebracht, »dann würdest du schon

sehen, meine Liebe, wie die Leute für schönere Ausflugs-
lokale und mehr Busse kämpfen würden. Dann hätten
wir wenigstens hier noch Landschaft!«

»Es gibt aber nun mal Autos und Gartengrundstücke,
mein Lieber!«, sagte sie patzig.

So kämpften der Naturfreund Schwerdtfeger und die
Naturfreundin Schwerdtfeger jahrelang, wobei er, wenn
der Sommer anbrach, immer kleinlauter wurde und sie
immer angriffslustiger.

Eines schönen Augustsonntags im vergangenen Jahr, als
sie wieder mal in der S-Bahn stöhnten, schweißüberströmt,
stehend matt und der Natur entgegenschmachtend, sagte
Karl Schwerdtfeger laut in das übervolle, dampfende Ab-
teil hinein: »Scheiße!« Alle mitschwitzenden Bürger und
Bürgerinnen nickten verständnisvoll. Und Klara Schwerdtfeger wusste plötzlich, dass sie gesiegt hatte.

Ein Auto haben sie gekauft, und ein Grundstück haben
sie auch. In der Gegend von Hoppegarten, 1000 Quadratmeter groß. Da war noch eine Lücke frei. Das Häuschen

ist bestellt. Am Fundament arbeitet Schwerdtfeger wie ein rotgebrannter Berserker. Seine Frau gräbt inzwischen im Bikini die Blumenwiese um, denn da soll Zierrasen hin. Außerdem will Schwerdtfeger drei Edeltannen setzen und eine riesige Betonterrasse anlegen. Zwei Wagenräder hat er auch schon als künftigen künstlerischen Wandschmuck. Und die Hauptsache trifft bald ein, ein großer, hoher, stabiler Stahlzaun!

Nun sind die Naturfreunde Schwerdtfeger glücklich und streiten sich nur noch um Propangas und Wasserleitungen und Rasenmäher und Sickergruben und die künftige Garage und ähnliche selig machende Naturgewächse.

Wie sagte doch Frau Klara Schwerdtfeger neulich: »Man muss sich ja schämen, Karl, wenn die Zufahrt nicht auch zementiert ist!« Da entfloh ein kleines stilles Einhorn der Brust des Naturfreundes Schwerdtfeger, der sich sofort auf den Weg in den Baumarkt machte, denn was bei so einem eigenen Grundstück an Material draufgeht, das geht auf keine Kuhhaut. Aber dafür sieht's nachher auch wie geleckt aus!

Robert Niemann
Schöner unsere Städte!

Bekannte bitten mich um Rat bei der Anlage eines Komposthaufens. Damit kann ich dienen, damit kenne ich mich aus, schließlich beackere ich seit fünfzehn Jahren ein kleines Stück Gartenland. Den gemeinen Mistwurm mag ich besonders, und ich glaube, dass er meine Gefühle erwidert. Doch ehe ich die Frager in die Geheimnisse des sachgerechten Aufbaus einer Kompostmiete einweihe, stelle ich fest: »Ihr wohnt doch mitten in der Stadt. Was wollt ihr mit Kompost?«

Auf ihren Gesichtern erscheint dieses überlegene Lächeln, das zuverlässig dafür sorgt, dass aus Bekannten nicht Freunde werden. »Urban Gardening, weescht?«, erwidern sie, und ich bin wieder mal froh, dass wir nicht mehr in Hörweite voneinander wohnen.

Beim Urban Gardening, dem Begrünen ungenutzter städtischer Flächen, geht es darum, dass Städter die Radieschen auch mal von oben betrachten wollen. Früher hieß so was Balkonbepflanzung. Heute lässt man sich von einem Balkon-Designer oder Hochbeetarchitekten individuelle Gestaltungsvorschläge erarbeiten, die anschließend umgesetzt werden, »mit Freunden« natürlich. In Zeiten verfeinerter Lebensstile braucht es auch neue Begriffe, die den internationalen Background der Anwender widerspiegeln. Urban Gardening ist im Milieu des neuen Bürgertums verortet. In Berlin sind das fast schon traditionell die Prenzlauer-Berg-Schwaben und andere Zugezogene. Als wäre ihre Anwesenheit nicht schon Provinz genug, fangen sie nun auch noch an, überall Sämereien auszustreuen.

Für den Stadtpuristen kann eine Stadt gar nicht Moloch genug sein: möglichst laut, möglichst eng, möglichst stickig und sehr, sehr groß. Beton, Steine, Mauern. Vegetation ist für ihn das, was sich auf den im Kühlschrank vergessenen Milchprodukten bildet. Sollte sich irgendwo einmal ein Löwenzahn ans Licht zwängen wollen, wird er umgehend durch ein Sondereinsatzkommando des städtischen Asphaltflächenamts eliminiert. Denn wäre die Stadt ein Ort für Löwenzähne, würde sie Wiese heißen und hätte eine sechsstellige Telefonvorwahl.

Den Puristen fremd gegenüber stehen die Ex-Dörfler und ehemaligen Kleinstädter. Es handelt sich bei diesen Ackerbürgerseelen um zwischen naiv und dummdreist changierende Lästlinge, die irgendwann nach dem Abi ihr Heimatdorf spießig und die Großstadt spannend finden. Nach ein paar Jahren packt sie allerdings die Sehnsucht nach ihrem früheren Leben: die Natur. Die Ruhe. Der Sauerampfer, der noch

nach Sauerampfer schmeckt. Sie wollen mit ihrem Mac-
Book zwischen Lavendel- und Rosenduft sitzen und ihren Kindern selbst geernteten Mangold pürieren. Doch
da sie inzwischen als Mediendesigner, Paartherapeutin
oder Locationscout in Berufen tätig sind, die auf dem
Land keiner braucht (in der Stadt im Grunde auch nicht,
doch da fällt es nicht so auf), oder aber in einer gleich-
geschlechtlichen Partnerschaft leben, können sie nicht
wieder zurück. Also versuchen sie, ihre alte Scheune und
den Dorfteich nachkommen zu lassen, was allerdings regelmäßig scheitert. Denn kein Vermieter duldet in seiner
Wohnung einen Dorfteich.

Um das auszugleichen, gibt es jetzt das Urban Gardening, bei dem unansehnliche städtische Orte in unansehnliche Hochbeete, Gärten und Obstplantagen im Nano-For-
mat verwandelt werden. Ein bisschen Land in der Stadt,
wo energische Mütter mit bunten Tüchern im bereits leicht
angegrauten Haar das eigene So-Sein ausleben und ihren
kleinen Chlodwigs und Charlottes ganz viel mitgeben können. Die Bewohner des Umlands finden's gut: So fallen an
den Wochenenden nicht mehr scharenweise Städter bei
ihnen ein, um alles niederzutrampeln, kahlzufressen und
allein durch ihren Dialekt die Singvögel zum vorzeitigen
Aufbruch gen Süden zu nötigen.

Für die Begrünung steht potenziell alles zur Ver-
fügung, was noch nicht grün ist und niemand mehr
braucht: Baulücken, Industriebrachen, die Fuge zwischen
zwei Gehwegplatten, die BER-Ruine. Für Schnellkeimen-
des sogar Dächer von Autos, deren Besitzer gerade im
Urlaub sind, oder die Ohrmuschel des Nachbarn im Frei-
bad, während der in der Sonne vor sich hin döst.

Es geht auch um die Produktion von Nahrungsmitteln, die nicht aus Chile oder Israel herbeigeflogen werden, sondern die man rupft oder erntet, ohne dafür die Stadt verlassen zu müssen. Hier liegt sogar der ernsthafte Ursprung des Urban Gardenings: die Stadtbevölkerung in Zeiten des Mangels und der Not mit einer Erbse von der eigenen Kleinplantage und einem selbst gelegten Ei

zu versorgen. Diese Idee lebt heute wieder auf: Wer sich in der nicht mehr benötigten Regenrinne einen Kaffeestrauch, eine Kuh und eine Zuckerrübe hält, der kann sich und seinen Gästen bereits nach wenigen rund um die Uhr mit sinnstiftender Arbeit erfüllten Tagen den gewünschten Latte Macchiato aus Eigenproduktion servieren.

Die Betreiber des »Interkulturellen Gartens« in Berlin-Kreuzberg wissen Folgendes über ihr Projekt zu sagen: »Gemeinsam kommen hier Migrantinnen und Migranten mit der Erde und der Natur zusammen, durch den Austausch mit anderen Kulturen entwickeln und gewinnen sie neue Erkenntnisse und einen neuen Umgang mit der Umwelt und der Natur.« Menschen mit Migrationshintergrund treffen auf Pflanzen mit Naturhintergrund – was kann es Schöneres geben?

»Isch geh Rabi, Alder«, heißt es, wenn Zielgruppenvertreter in zeitgemäßer Jugendsprache ihrer Peergroup zu verstehen geben wollen, dass sie jetzt zum Grubbern in den Görlitzer Park müssen, wo sie von desillusionierten SozialarbeiterInnen zu tolerantem Verhalten gegenüber Bio-Kohlrabi erzogen werden sollen. Und das auf imposanten zweihundert Quadratmetern, die der »Interkulturelle Garten« misst – manche Bäder in den bevorzugten Wohnlagen von Zehlendorf sind kaum größer!

Die ideale Ergänzung zum Urban Gardening ist das Urban Hunting, die städtische Jagd. Wenn man

sich mit einem kurzen Griff aus dem Küchenfenster nicht nur die Kartoffeln besorgt – manchmal sogar schon in Form von Klößen oder Gnocchi, sofern man an den gedeckten Tisch auf dem Nachbarbalkon herankommt –, sondern auch gleich seinen Kaninchenbraten selber schießt. Falls allerdings am nächsten Morgen im Haus Handzettel verteilt werden, mit denen die alte Dame aus dem ersten Stock ihren Westie sucht, dann sollte man die Steuermarke und das Halsband, auf die man bei der Zubereitung gestoßen ist, möglichst rasch und unauffällig entsorgen.

Bleibt die Frage, was geschieht, wenn auch die zugewanderten Tuareg und die Huskys auf die Idee kommen, sich kleine städtische Sandwüsten oder ein wenig ewiges Eis zuzulegen. Wie verträgt sich Urban Gardening auf der einen Seite mit Urban Saharaing und Urban Südpoling auf der anderen? Mein Vorschlag: Man einigt sich auf eine Art Fruchtfolge. Erst Eis, dann Wüste, schließlich Garten. Und dann wieder von vorn. Denn die Stadt ist für alle da.

Christine Dölle
Goldfinger

Der Anlass für die folgende Tragödie war ein Haufen Müll, gepaart mit der Unfähigkeit, ein Paar unbrauchbar gewordene alte Handschuhe wegzuwerfen.

Auch im tiefsten Winter fährt mein Mann am Wochenende in den Garten mit der Laube und dem heiß geliebten Ofen.

Jeder AZUBI, der das Tischlerhandwerk erlernt, bekommt als ersten Kernsatz gesagt: »Nie mit Handschuhen an die Kreissäge, und sie muss immer auf einem festen Untersatz stehen!«

Mein Mann hat leider Dekorateur gelernt. Für ihn ist eine Kreissäge ungefährlicher als ein Brotmesser. Jetzt, da ich das sage, könnte ich mir durchaus vorstellen, dass er das auch schon einmal ausprobiert hat, nämlich Brot mit der Kreissäge schneiden.

Um seinen Ofen immer bei Laune zu halten, braucht er viel Holz. Das sägt er mit der Kreissäge. Die steht auf einem großen Brett, das wiederum auf zwei Böcken liegt. Auf dem Brett lag aber Müll, der ihn am Sägen hinderte. Er nahm die Säge und stellte sie ganz locker auf ein ungesichertes Brett auf der Terrasse.

Das Brett war um einiges schmaler als die Säge, sie wackelte.

So, wie er bei Rot an der Ampel noch einmal richtig Gas gibt, stellte er mit frischem Mut die Säge an, um auch das dürre Reisig, das der Nachbar entsorgt hatte, dem Ofen zuführen zu können. Die alten Montagehandschuhe, vor Dreck steif geworden, zierten seine Hände. Ich hatte sie schon weggeworfen, aber er holte sie wieder aus dem Müll.

Inzwischen war es dunkel geworden.

1. wacklige Kreissäge,
2. Dunkelheit,
3. steife Handschuhe!

Diese drei Faktoren waren der Garant für ein einschneidendes Erlebnis.

Er zog mit der rechten Hand das Reisig durch die Säge, die linke Hand sicherte den Vorgang, damit auch nichts von dem wertvollen Gestrüpp herunterfiel. Herunter fiel dafür etwas anderes! Der linke Handschuh müllerte sich in die Säge, die auf einmal klemmte. Er guckte den Handschuh erschrocken an. Ein Finger war ab!

Der schöne Handschuh!

Er hob ihn auf, und sein linker Zeigefinger fiel heraus.

Dass er ab war, hatte er im ersten Moment nicht bemerkt. Der Ärger über den kaputten Handschuh überwog den Schmerz am Fingerstumpf. Das grobgezahnte Sägeblatt hatte ganze Arbeit geleistet. Die Trennung war exakt am mittleren Fingergelenk vollzogen worden. Zwei Probleme standen jetzt an: die blutende Hand, der abbe Finger.

Man glaubt nicht, wie geistesgegenwärtig ein ansonsten leicht vertrottelter Mensch sein kann. Instinktiv entschied er sich für die richtigen Maßnahmen. Die blutende Hand steckte er in eine gebrauchte Socke und den abgetrennten Finger nahm er in den Mund. Der brauchte ja weiterhin Körperkontakt. Dann setzte er sich ins Auto und fuhr fünfundzwanzig Kilometer nach Leipzig, um an der Notfallaufnahme vorzusprechen.

Unterwegs bemerkte er mit Entsetzen, dass er keine Zigaretten mehr hatte. Mit blutender Socke und Finger im Mund stieg er an der Tankstelle aus, um Nachschub zu holen. Die dortigen Angestellten waren vor Schreck wie gelähmt, so dass sie ihn mit offenstehenden Mündern weiterfahren ließen.

Über seine Bekleidung muss ich noch ein paar Worte verlieren. Sie bestand aus dem üblichen Kleingärtner-Modemix, ein alter Filzhut (Marke Holzmichel), dem zehn Jahre alten, einstmals roten Pullover mit Löchern, einer langen weinroten Unterhose und Gummistiefeln. So betrat er die Aufnahme in der Uniklinik. Er nahm den Finger aus dem Mund, hielt ihn der Dame am Empfang unter die Nase und sagte ruhig: »Kann mir das hier jemand wieder annähen?«

Man konnte. Und er hält noch heute.

Norbert Baasner
Der Heimwerker und Gartenfreund

Zugegeben, ich bin immer schon gerne handwerklich tätig gewesen. Wenn ich am Nachmittag von der Arbeit nach Hause kam, war mein erster Gang hinunter in den Keller in meinen Hobbyraum. Hier standen die Werkbank aus schwerem Holz und der Werkzeugschrank. An der Wand hing in ihrer Halterung die Bohrmaschine. Aber was heißt Bohrmaschine ...? Mit wenigen Handgriffen war sie zum Schraubendreher oder zur Kreissäge umzubauen, somit ein echtes Multifunktionsgerät mit

robustem Motor. Bretter in allen Größen und Stärken (diese, von handwerklich ungeschickten Mitbürgern immer wieder achtlos auf den Sperrmüll geworfen, trug ich postwendend zu mir in den Keller) standen ringsum an den Wänden. Daraus ließen sich praktische Regale für Schuhe, Eingemachtes, Bücher oder auch Gewürzbänkchen machen. Doch seit die Kinder aus dem Haus sind, hatten wir leider nicht mehr genügend Schuhe oder Eingemachtes, und gelesen hat eigentlich nur die Tochter. Im Hobbyraum überprüfte ich dann zum Beispiel, ob der Leim des neuen Bilderrahmens (ein geeignetes Bild würde sich später finden), dessen Leisten ich am Abend zuvor aneinandergefügt und mit einer kräftigen Schnur zusammengebunden hatte, heute getrocknet war. Er war. Nur die Kanten der Leisten hatten sich etwas gegeneinander verschoben und bildeten Stufen. Aber für solche Zwecke hatte ich ja den elektrischen Schwingschleifer mit der »Bügeleisenspitze«, wie meine Frau etwas verächtlich meinte; damit konnte ich auch bis in die kleinste Ecke schleifen.

Nun war ein Ereignis eingetreten, das mein ganzes organisatorisches und handwerkliches Talent forderte. Wir waren im Februar in ein kleines Reihenhaus mit einem nicht mal so kleinen Garten eingezogen. Dieser war so breit wie das Haus selbst (5,1 Meter), schloss sich an die Terrasse (2,2 Meter) an und war dann noch 12,5 Meter lang. Eine Hecke (3 Meter) war Sichtschutz zum linken Nachbarn. Die rechte Hecke, ebenso lang, gehörte zu meinem Garten und müsste längst mal geschnitten werden. Drei Rosenstöckchen begrenzten die Terrassenplatten, dahinter der Rasen mit einem »Weg« aus Trittsteinen, rechts ein Beet, wo im Sommer wohl Tomaten wachsen konnten. Ganz hinten stand noch ein zu dieser Jahreszeit natürlich kahler kleiner Baum.

Und dieser Garten war es, auf den ich bewusstseins-mäßig und handwerklich-technisch noch nicht eingestellt war. Aber eins war mir sofort klar: Wie der Garten jetzt gestaltet war, war er nicht optimal genutzt; man konnte mehr aus ihm machen. So erstellte ich, solange das Wetter noch nass und kalt war, einen Ausbau- und Pflegeplan. Jedenfalls müsste die Terrasse um zwei Reihen Platten (40 x 40 Zentimeter) verbreitert werden, um Gartenmö-beln ausreichend Platz zu bieten. Auch die Trittplatten müssten zum Weg ausgebaut werden. Das Gemüsebeet würde ich aufgeben; Tomaten gab es zu allen Jahreszeiten aus Spanien oder Südafrika im Supermarkt. An dessen Stelle sollte – ein lang gehegter Wunsch von mir – ein Gartenteich installiert werden. Diese praktischen nieren-förmigen Wannen hatte ich schon im Baumarkt gesehen. Drumherum saubere runde Flusssteine. Und ein Spring-brunnen, dessen Strahl sich drehte, mitten hinein, even-tuell noch mit romantischer Unterwasserbeleuchtung. Den ausgehobenen Boden würde ich als Erdstufe entlang des Gartenzauns zum Nachbarn aufschütten, gestützt von dekorativ geschwungenen rotbraunen Gasbetonsteinen.

Das Wichtigste aber war, und das wollte jetzt schon bedacht werden, welches Werkzeug würde ich brauchen, um den Garten profimäßig zu gestalten und zu pflegen. Zum Beispiel war der Rasen im Schatten des kleinen Bau-mes total vermoost und musste dringend instand gesetzt werden. Das würde meine erste Aufgabe sein, damit er gleich wieder schön ins neue Jahr wachsen könnte. Des

Weiteren wollte er regelmäßig gemäht sein und die Kanten ordentlich getrimmt. Und die Terrassenplatten: Sie brauchten eine gründliche Reinigung, denn das Grau spielte ins Grünliche, was auf einen Anflug von Flechten schließen ließ. Die Hecke musste bestimmt zweimal im Jahr geschnitten werden, der Baum einmal und das Schnittgut beseitigt ... Es würde also einiges zu tun geben, und eine Anzahl neuer Geräte und Werkzeuge sollte angeschafft werden. Das würde ganz schön ins Geld gehen. Ich beschloss, alles peu à peu zu seiner Zeit zu besorgen.

Eines Tages, Ende Februar, war plötzlich der Frühling da. Die Temperatur stieg auf zwölf Grad, und das Wochenende stand bevor. Gemäß meines Planes, Punkt 1, wollte ich den vernachlässigten Rasen in Angriff nehmen. Am Freitag Nachmittag, ich hatte mir freigenommen, wurde ein Vertikutiergerät in meinem Lieblingsgeschäft, dem Bau- und Heimwerkermarkt, Abteilung »Alles für den Gartenprofi«, besorgt. Dann am Nachmittag (leider ist von zwölf bis ein Uhr oder so Mittagsruhe) ging es los. Das Vertikutiergerät harkte unerbittlich alles Moos aus dem Gras, gleichzeitig perforierte es mit Nägelhieben den Boden zwecks besserer Durchlüftung und Wässerung. Knurrend biss es sich langsam, einen Streifen ausgerissener Würzelchen hinterlassend, seine Bahn, sechs Meter rauf, sechs Meter zurück. Dabei erkannte ich, es wäre gut, dieses Stück Rasen, besser noch den ganzen, von Grund auf neu anzulegen und frisch einzusäen. Das Vertikutieren setzte ich trotzdem fort, denn nichts ist mir unangenehmer, als eine nicht zu Ende geführte Arbeit.

Am Montag war ich nur kurz morgens in der Firma, um mir eine Woche Urlaub geben zu lassen. Dann führte mich mein nächster Weg wieder in den Heimwerkermarkt und in die Gartenabteilung. Ich erstand eine schwere, tief grabende Motorhacke und einen schnelldrehenden Grubber zum Zerkleinern der Erde, einen Saatwagen für eine gleichmäßige Aussaat, eine Handwalze zum Andrücken der Körner und der darüber zu streuenden dünnen Sandschicht und, nicht zu vergessen, ausreichend Saatgut (12,5 x 5 Meter = 62,5 Quadratmeter). Rasenmischungen gab es für zehn, fünfzig und dann hundert Quadratmeter, aber etwas dichter gestreut, würde gewiss auch nicht schaden.

Es war jetzt schwierig, die Geräte nach Hause zu bringen, doch der Baumarkt hatte auch diese praktischen, kleinen, einachsigen Pkw-Anhänger, die man immer mal gebrauchen kann. (Um zum Beispiel Teile vom Sperrmüll abzutransportieren, die ich bisher zu meinem Bedauern immer zurücklassen musste, weil ich sie nicht im Auto unterbringen konnte.) So hängte ich das Wägelchen gleich an die Wohnwagenkupplung, lud die Geräte auf, und im Nu war alles zu Hause. – Unterwegs wurde ich allerdings kurz von der Polizei aufgehalten und darauf hingewiesen, dass auch der Hänger ein Nummernschild brauche, ich aber mit einer Verwarnung und einer Buße von 20 Euro weiterfahren dürfe.

Als dann die Gebrauchsanweisung von Gartenhacke und Grubber durchgelesen und beiden der Tank mit Diesel gefüllt war, konnte die Arbeit, einen neuen Rasen anzulegen, beginnen. Die geknickten Eisen der Hacke krallten sich in den Boden, als ich die Maschine angelassen hatte und die Kupplung einlegte. Mit Kraft zog sie an, warf sich von einer Seite auf die andere, Erdschollen

flogen. Einem Laien, ungeübt im Gebrauch von Motor-
werkzeugen, wären bestimmt die Griffe aus den Händen
gerissen worden – mir nicht! Der Motor heulte auf, wenn
sich die wühlende Achse festgefressen hatte, Klumpen
polterten gegen das Schutzblech, doch gemeinsam schaff-
ten wir es, den grauen Rasen zu zerhacken. Dann folgte
das Zerkleinern der groben Brocken. Wie ein vielfach
gezahnter horizontaler Küchenmixer zerschrotete der
Grubber, was die Hacke hinterlassen hatte. So gleichmäßig feinkrümelig trat der Boden hinter dem Gerät hervor,
dass es einem leid tat, seine Stiefelspuren dort hinein-
zutreten. Auch das war bald erledigt, und der Grubber
wurde auf die Terrasse zur Motorhacke gestellt. – Und
plötzlich war da diese Stille, diese beklemmende Laut-
losigkeit, die jeder Heimwerker kennt und die ihm un-
heimlich ist. Aber für die weiteren Arbeiten, das Säen und
Andrücken, gibt es meines Erachtens noch keine arbeits-
erleichternden Motorgeräte.

Am anderen Tag war Hecke schneiden angesagt und
ich darum wieder im Heimwerkermarkt, um entspre-
chende Geräte zu besorgen, eine elektrische Heckenschere, die längere, und einen Häcksler, den stärkeren,
um die Zweige zu zerkleinern, zu »atomisieren«, wie der
Verkäufer scherzhaft meinte. Am Nachmittag war dann
das Rasseln der Schneideblätter zu hören, die die Thuja-
hecke zurechtstutzten. Mit Hilfe einer Leiter kappte ich
erst das obere Drittel, reduzierte und begradigte dann
sorgfältig die Seiten. Zwar konnte man jetzt zwischen den
Stämmen durchsehen, aber das würde nachwachsen. Zu
meiner Überraschung war die Sache nach einer Dreivier-
telstunde bereits erledigt. Mit einer Heckenschere hätte

es wohl länger gedauert und wäre wohl auch nicht so – na ja – radikal ausgefallen ... Doch wie erbärmlich sähe es aus, wenn man sich mit Schnipp-schnapp ans Werk machte! Danach sammelte ich die Zweige, das Schnittgut, zusammen, warf den Schnittguthäcksler an, der, von einen angenehm kräftigen Elektromotor angetrieben, prasselnd, Maschinengewehrsalven nicht unähnlich, einen Zweig nach dem andern »atomisierte«.

Das schöne Wetter hielt an, so dass nach den Arbeiten an Rasen und Hecke die Terrassenplatten gereinigt werden konnten. Und mit Reinigen meine ich nicht Fegen! So ließ ich mir im Baumarkt die neuesten Modelle der Wasserstrahl-Hochdruckreiniger vorstellen: Düse, Kompressorleistung, Druck, Einstellung, Wasserverbrauch.

Da staunten die Nachbarn, die mit ihren Sorgobesen alte, verwehte Blätter aufscheuchten, nicht schlecht, wie ich, ausgerüstet mit Gummistiefeln, dem gelben Friesennerz vom Nordseeurlaub, den breiten Südwester wasserdicht über den Nacken gezogen, mit fauchendem, stiebendem Wasserstrahl das Moos aus den Ritzen jagte und Platte für Platte gründlich vom grünlichen Belag befreite. Auch das Auto würde ich in Zukunft mit diesem fabelhaften Gerät behandeln, das Garagendach, ja, die ganze Hausfassade könnte ich damit abstrahlen. Jedenfalls reinigte ich die Motorhacke und den Grubber, den Saatwagen und die Walze auf der Terrasse anschließend schon mal, bis sie sauber waren wie neu gekauft und glänzten wie frisch lackiert. Dann brachte ich eines nach dem andern, sehr zufrieden mit mir und der Gartenarbeit, in den Keller in den Hobbyraum. So war auch dieser Tag ein voller Erfolg. Es geht doch nichts über einen praktischen Mann und das zu ihm passende moderne Motorgerät!

Die regenfreien Tage wollten genutzt sein. Die Terrasse und der anzulegende Gartenweg waren die Punkte 4 und 5 auf meiner Liste. Drei Fuhren Waschbetonplatten aus der Baustoffhandlung waren das Grundmaterial. Die Terrasse, abzüglich der Hecke, war 4,6 Meter breit. 22 Platten (40 x 40 Zentimeter) und zwei halbe (40 x 20 Zentimeter) waren also nötig. Eine musste ich durchschneiden. Auch zwischen die einzelnen Trittplatten, die ich ja zum Weg ausbauen wollte, passte keine ganze. Kurz, ein stabiler Steinschneider musste her, möglichst noch ein Trennschleifer, eine Flex, für den Feinschnitt. Folglich war wieder ein Weg in den Heimwerkermarkt nötig.

Massiv, gusseisern, grau und rot bemalt stand dann der Steinschneider bereit. Ausgestattet mit ledernen Handschuhen, mit Schutzbrille gegen Splitter und Atemschutzkappe gegen Steinstaub über Mund und Nase gestülpt, knipste ich den Elektromotor an. Das Sägeblatt heulte auf, kam auf Touren und pfiff dann gleichmäßig im Einklang mit dem kräftig brummenden Motor. Doch die wahre Leistung erkannte man erst, wenn eine Wegplatte an die Trennscheibe gelegt und diese sich kreischend durch den Waschbeton fraß. Dann gesellte sich zum Pfeifen und Brummen des Steinschneiders ein jauchzendes »Jiiiiiiiih«, das mit einem »Jammh« endete, wenn der Schleifer den Stein zertrennt hatte. Nach knappen fünf Stunden anstrengender, aber befriedigender Arbeit war das Zuschneiden erledigt. Was wäre man ohne diese hilfreichen Geräte?! An den nächsten Abenden würde ich an den vorgesehenen Stellen die Erde zehn Zentimeter tief mit dem Spaten abstechen, dann Kies aufschütten und feststampfen. Eine Hilfe wären hierbei solche Verdichtungsrüttler für den Straßenbau, in kleinerer Form natürlich. Wenigstens so einen explodierenden und hüpfenden Stampfer, wie sie früher in Gebrauch waren, hätte ich mir gewünscht. So würde ich den Kies nur so gut es ging festtreten können und die Platten darauf einfügen.

Steinsplitter und Staub fegte ich von der Plattensäge und vom Trennschleifer und trug beides in den Keller. Der Platz war eng geworden. Werkbank und Werkzeugschrank, Leiter und Heckenschere, Hacke, Grubber, Saatwagen, Walze, Häcksler und Hochdruckreiniger passten kaum noch in den kleinen Hobbyraum; an Arbeiten in diesem war schon gar nicht mehr zu denken. Wenn später, und das war nicht mehr lange hin, noch ein Rasenmäher und eine Motorsense, im Herbst dann ein Laubblas- und Sauggerät dazukommen sollten ... Ein Heimwerker hat für sein Werkzeug einen Werkzeugschrank, ein Gartenbesitzer einen Geräteschuppen oder ein Gartenhäuschen, in dem für dies alles genügend Platz ist und man auch noch einen Gartengrill und die Terrassenmöbel ordentlich einstellen kann. Noch reichte der Hobbyraum als Stellkammer, doch eine Fläche für das Gartenhaus musste ich jedenfalls bei der weiteren Gestaltung berücksichtigen.

Jetzt kam erst mal Punkt 6, der Teich. Wenn ich einmal einen Garten haben würde, und das war jetzt glücklicherweise der Fall, wollte ich als Zierde des Ganzen und als belebendes Element einen Gartenteich anlegen, mit Goldfischen und Seerosen darin und einer kreiselnden, plätschernden Fontäne oder einem wasserspeienden Frosch am Rand. An nächsten Samstag Vormittag, es war

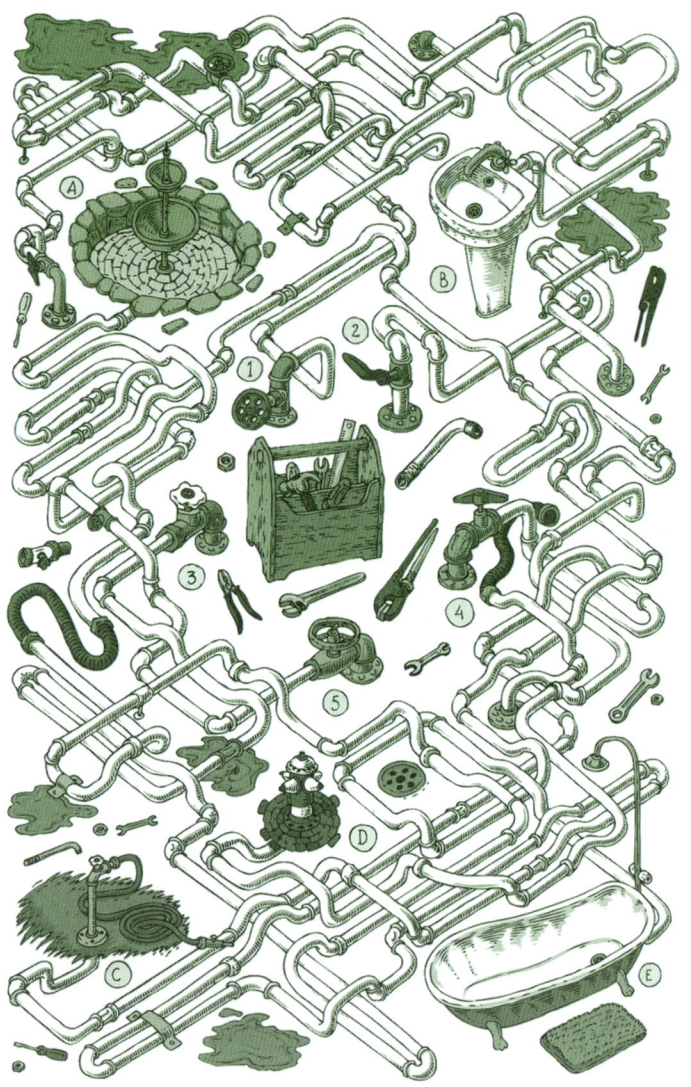

inzwischen April geworden, die Wochenenden leider manchmal verregnet und für die Gartenarbeit nicht geeignet, schritt ich diesbezüglich zur Tat. Zuerst besorgte ich das Teichbecken aus naturgrünem Plastik, denn nach dessen Form richteten sich die Aushubarbeiten. Der Berater im Baumarkt empfahl mir, was ich auch gleich einsah, eine größere Wanne wegen des größeren Wasservolumens und der damit verbundenen besseren »Wasserstabilität« und eine Fontänenpumpe mit integriertem Filter gegen Algenbildung. – Beim Abtransport bewährte sich erneut der Autoanhänger. Unterwegs stoppte mich wieder ein Polizeiwagen. Das Becken überrage die zulässige Breite und hinten fehle eine weiß-rot-gestreifte Warntafel. Doch nach einer mündlichen Verwarnung und einer Zahlung von 30 Euro konnte ich meine Fahrt fortsetzen.

Im Garten drehte ich dann den »Teich« so, wie ich ihn einsetzen wollte. Die drei Rosenbäumchen mussten auf jeden Fall geopfert werden, und auch vom Rasen, der übrigens schon schön keimte, würde ein guter Teil abgestochen werden müssen. Es war ein gehöriges Stück Arbeit, mit Spaten und Schaufel erst ein flaches Becken, dann tiefer grabend und immer wieder das Becken einpassend, was gar nicht so leicht war, ein Loch auszuheben. Die Erde schichtete ich plangemäß am Gartenzaun zu einem Erdwall auf und sicherte ihn, wie vorgesehen, zu beiden Seiten mit den roten Gasbetonsteinen, so dass ein 0,5 Meter langer Damm entstand. Die Steine selbst würde ich später mal maigrün streichen, denn der Mai ist der schönste Monat eines Gartenbesitzers. Mehrmals schleifte ich das Plastikbecken in die Grube und wuchtete es wieder heraus, bis es endlich sauber eingepasst im Boden ruhte. Um den Rand herum wurden dann ausgesuchte runde, weiße Flusssteine gelegt, die Fontänendüse und Pumpe installiert, das Stromkabel angeschlossen, endlich das Wasser einlaufen gelassen. Als ich per Schalterdruck den kleinen Springbrunnen in Gang setzte und ein kreisender Strahl den Teich besprühte, gab es wohl keinen zufriedeneren Gartenbesitzer als mich in der ganzen Siedlung. Auf Goldfische und Teichrose würde ich jedenfalls zugunsten dieses hübschen Wasserspiels verzichten.

In der Gartenabteilung des Bau- und Heimwerkermarktes gab es ein Sonderangebot. Die Preise für Laubentfernungsgeräte waren jetzt, da die Blätter noch nicht austrieben und niemand an den Herbst dachte, radikal herabgesetzt. Benzinmotorgetriebene Laubbläser und Laubsauger waren mit 20 Prozent Preisnachlass schon jetzt zu erstehen. Doch einsam, nicht beachtet, standen die Geräte abseits in der Ecke. Ich aber bedachte, dass der kleine Baum hinten im Garten im Herbst seine Blätter abwerfen würde und ich diese beiden Laubbehandlungsgeräte dann unbedingt brauchte. Also kaufte ich sie gleich und sparte nebenbei noch Geld.

Doch mit diesen neuen Anschaffungen wurde es nun auch dringend Zeit, sich nach einem Gartenhäuschen umzusehen. Und als hätten die vom Baumarkt meinen Wunsch geahnt, waren auf dem Parkplatz davor ein paar Blech- und Holzhäuschen zum Ansehen aufgebaut. Das einfache (2 x 3 Meter) würde wohl seinen Zweck erfüllen, erschien mir aber gegenüber dem nebenstehenden eher etwas klein. Das größere (3 x 4,5 Meter) war auch bescheiden, gemessen an dem großen (4 x 5 Meter), das zudem noch eine kleine überdachte Veranda vor dem Eingang hatte. Dieses gefiel mir ausgesprochen gut, ein größeres war sowieso nicht im Angebot, und mit seinen fünf Metern Breite passte es auch genau in meinen Garten. Der Abtransport der Teile stellte sich einigermaßen kompliziert dar, weil die gestapelten Bretter, Balken, Dachplatten, Fensterläden, die Tür und das Verandageländer meinen Pkw-Anhänger an seine Leistungsgrenze brachten und er in den Kurven auszubrechen oder umzukippen drohte. – Die Polizei hatte das Problem auch ganz richtig erkannt und meinte, dass der wohl etwas überladen sei. Mit einer mündlichen Verwarnung, unter Zahlung von 40 Euro und in Begleitung eines Streifenwagens samt Blaulicht durfte ich die Fuhre jedoch ausnahmsweise nach Hause bringen.

Dieses stattliche Gartenhaus würde so recht den Fleiß und die Ordnungsliebe seines Besitzers repräsentieren, wohl auch etwas Neid in der Nachbarschaft erregen, denn wie in den Gärten ringsum, und da kannte ich mich inzwischen aus, sollte es am Ende des Gartens errichtet werden. Das erforderte, dass der kleine Baum und ein gutes Stück des Rasens, der hier sowieso leicht vermooste, weichen mussten. Und fürs Grillen wäre die überdachte Veranda weitaus praktischer als das ungeschützte Rasenstück. Die Konstrukteure des Gartenhauses konnte man nur loben, denn die Montage, wenn man der Anleitung folgte (was allerdings nicht ganz leicht war, denn Gartenhaus und Begleitheft waren in Polen hergestellt worden), war für einen einigermaßen geübten und ausgerüsteten Heimwerker zu begreifen und auszuführen.

Nach vier Tagen fleißigen Werkens stand ein prächtiges Holzhaus am Ende des Gartens hinter dem Teich, dazwischen ein kleines verbliebenes Rasenstück. Alle Geräte und Werkzeuge aus dem Hobbykeller brachte ich hinüber, und sie erhielten ihren ordnungsgemäßen Platz, auch die Werkbank passte gut hinein. Hier, im Gartenhaus, im Freien und nicht mehr im Keller (in der oftmals mit Holzstaub gesättigten Luft), würde ich in Zukunft meinem Hobby nachgehen können. Und wenn beim Bohren, Sägen und Schleifen Staub und Späne das Arbeiten erschwerten, waren Fenster und Tür leicht zu öffnen und ein Luftzug würde den Werkraum schnellstens klären. Außerdem arbeitete es sich in einem geöffneten Raum angenehmer als in einem geschlossenen, weil die Motorgeräusche der Werkzeuge dann auch mehr nach außen hallen konnten.

Jetzt, Ende April, war, dank sorgfältiger Planung und zügiger Gestaltung, der Garten so weit eingerichtet, dass ein erholsames Garten- und Werkleben darin stattfinden konnte. Einer erweiterten Terrasse am Haus schloss sich der plätschernde Teich an. An ihm vorbei führte ein komfortabler Weg, etwa acht Meter lang, zur Veranda des Gartenhauses. Doch zwischen diesem und dem Gewässer war, wie schon erwähnt, ein unregelmäßiges und unansehnliches Stück Rasen übrig geblieben. Hier mauerte ich einen soliden Gartengrill in Tischhöhe (anderthalb Meter breit, einen Meter tief). Unten war eine geräumige Öffnung für Holz, darüber die Feuer- oder Glutebene, und über dieser konnte ein Grillrost oder eine rechteckige Eisenblechpfanne in verschiedenen Abständen über der Glut eingeschoben werden. Neben dem Grill platzierte ich einen Steintisch als Vorbereitungs- und Ablagefläche, der genau mit dem Verandageländer des Gartenhauses abschloss. Aus hygienischen Gründen wurde die Fläche vor dem Grill und Steintisch sowie ein Meter zum Teichrand betoniert (schöne rote Mischer gibt es zu erstaunlich günstigen Preisen auch für Heimwerker), sauber maigrün gestrichen und trittfest lackiert. Die Farbe war zwar durch herabfallende glühende Holzstücke gefährdet, doch wir grillen hier sowieso nicht, weil die Rauchentwicklung recht unangenehm sein kann. Und weil Grillen über offener Glut auch gar nicht gesund sein soll, haben wir auf der Terrasse am Haus einen Elektrogrill installiert. Aber ein selbst gemauerter im Garten sieht halt doch besser aus!

Neben dem Weg wuchs mit der Zeit ein ansehnlicher Wall aus Teichaushub, denn den ursprünglichen (Höhe 50 Zentimeter) musste ich wegen des Gartenhauses verkürzen (8 Meter) und aufschütten (jetzt 0,7 Meter), wobei wiederum ein Umkippen der Stützmauer drohte. Dieser Gefahr trat ich durch Verdoppelung der Gasbetonsteinreihe entgegen. Oben hatte ich Rasen eingesät. Das erwies sich aber als ein weiteres Problem, da diese erhöhte Lage schnell austrocknete. Nach der Installation einer Beregnungsanlage, die ich durch Zukleben der äußeren Wasserdüsen genau auf einen Meter Berieselungsbreite eingestellt hatte, erholte er sich wieder. Nur den Motorrasenmäher hinaufzuhieven war immer etwas beschwerlich, und, zugegebenermaßen, fühlte ich mich in dieser exponierten Lage, unter den Blicken der Nachbarn mit dem Mäher werkelnd, auch nicht recht wohl. Also überlegte ich, ob man dort vielleicht einen Kräutergarten anlegen könnte, der zwar die Trockenheit vertrüge, aber doch auch Ungeziefer anlockte, oder ob es gar noch eine andere Lösung gäbe. Die Entscheidung wurde mir dann aber erleichtert, und das kam so: Aus den Fugen der Gasbetonsteine lugten erst kleine, zarte Pflänzchen hervor, die sich als schnell ausbreitendes Unkraut erwiesen. Vernichtungsmittel, also Gifte, lehne ich als Gartenfreund prinzipiell ab und dachte eher an eine mechanische beziehungsweise thermische Lösung dieses Problems und entschied mich für letztere. Ich ließ mir von einem Spezialversender ein Abflammgerät »Feuerlanze« zuschicken, das man, laut Gebrauchsanweisung, im Winter auch als Schneeschmelzer verwenden konnte.

»Wenn man das auf der Schulter trägt, erinnere es doch sehr an eine Panzerfaust«, bemerkte mein Nachbar unpassenderweise. (Ich vermute, er ist Lehrer oder wählt Grün, denn seinen Rasen mäht er mit einem technisch hoffnungslos veralteten Spindelrasenmäher und Unkräuter zupft er eins nach dem anderen mit der Hand aus dem Erdbeerbeet.) Mit dieser »Feuerlanze« sengte ich die Kräuter gründlich ab. Sie wuchsen zwar immer wieder nach, doch auch ich bin keiner, der so leicht aufgibt, schon gar nicht, wenn es um Sauberkeit im Garten geht.

Das Unkraut war leider hartnäckiger, als ich dachte, so dass ich mich doch schweren Herzens endlich zur saubereren Endlösung des Problems durchrang, den Wall oben mit Platten deckte und alles maigrün anstrich, und zwar doppelt.

Abends und an schönen Wochenenden bin ich jetzt immer in meinem Werkraum im Gartenhaus tätig, was

ungemein befriedigend und erholsam ist. Oder ich über-
prüfe die Motorgeräte auf ihre Funktionstüchtigkeit.
Denn da ich wegen der Gartengestaltung keinen Rasen
mehr habe und auch keinen Baum oder Hecke (diese
hatte sich vom ersten Schnitt nicht mehr erholt, so dass
ich sie durch eine holzmasergemusterte PVC-Wand
ersetzt hatte), könnten Rasenmäher und Motorsense,
Laubbläser und -sauger sowie Heckenschere und Häcksler Flugrost ansetzen und/oder das Motoröl zäh werden.
Auch Motorhacke, -grubber und Vertikutiergerät wollen
gepflegt und immer mal wieder in Betrieb genommen
werden. So ersann und baute ich für jedes Gerät ein pas-
sendes Haltegestell aus Holz. In das hebe und stelle ich
reihum mal dieses und jenes. So können sie allabendlich
frei in der Luft vertikutieren, hacken, mähen, Laub saugen, eine Hecke schneiden und häckseln.

Da kann ich meine Nachbarn ringsum eigentlich nicht
verstehen, die sich in diesen schönen Abendstunden in
ihre Häuser zurückziehen und auch noch Fenster und
Terrassentüren schließen.

QUICKIES

ISBN 978-3-359-01719-6   ISBN 978-3-359-01720-2   ISBN 978-3-359-01721-9

ISBN 978-3-359-01718-9   ISBN 978-3-359-01346-4   ISBN 978-3-359-01331-0

Eulenspiegel-Quickies – der Lesespaß
für die Hosentasche, der Aufmunterer in
Bus und Bahn, das Mitbringsel für liebe
Freunde, die Mini-Lektüre vor dem
Einschlafen

ISBN 978-3-359-01398-3   www.eulenspiegel.com

ISBN 978-3-359-01347-1   ISBN 978-3-359-01330-3   ISBN 978-3-359-01366-2

ISBN 978-3-359-01365-5   ISBN 978-3-359-01377-8   ISBN 978-3-359-01378-5

Quickies je Band:
64 Seiten, zweifarbig,
brosch., mit Abb.,
4,99 €

*Bücher
für jede
Gelegenheit*

Der Verlag dankt dem Molden Verlag für die freundliche Genehmigung zum Abdruck des Textes »Beetgeschichten« (entnommen: Gabriele Kuhn / Michael Hufnagl: Paarspalterei. Warum sie immer alles ganz anders sieht als er) © 2008, Molden Verlag in der Verlagsgruppe Styria GmbH & Co KG, Wien, Graz, Klagenfurt

Cartoons von Horst Pohl (S. 23, 34), Martin Zak (s. 41)

Eulenspiegel Verlag – eine Marke der
Eulenspiegel Verlagsgruppe Buchverlage

ISBN 978-3-359-01399-0

1. Auflage 2019
© Eulenspiegel Verlagsgruppe Buchverlage GmbH, Berlin

Umschlaggestaltung: Verlag, Karoline Grunske,
unter Verwendung eines Cartoons von Tetsche
Der Verlag dankt dem Zeichner für die Erlaubnis, den Cartoonspruch als Buchtitel zu verwenden.
Printed in EU

www.eulenspiegel.com